MON JE-ME-PARLE

Une **fiche pédagogique** consacrée à ce livre
se trouve sur le site Casterman à la rubrique « enseignants » :
http://jeunesse.casterman.com/enseignants.cfm

www.casterman.com

Maquette : Petit scarabée

ISBN : 978-2-203-15617-3

Imprimé en Espagne. Dépôt légal : janvier 2006 ; D. 2006/0053/253

Déposé au ministère de la Justice, Paris
(loi n° 49.956 du 16 juillet 1949 sur les publications destinées à la jeunesse).

Sandrine Pernusch

Mon je-me-parle

Illustré par Ginette Hoffmann

casterman

Dimanche 3 octobre

Hier j'ai acheté un cahier. J'ai mis *je-me-parle* en titre, sur la couverture. Et voilà : je me parle.

C'est mon droit.

Avant je me parlais, mais à trois.

Un : moi.

Deux : à moi.

Trois : avec Zéphira.

C'est ma tortue, Zéphira. Elle est morte avant-hier.

C'est si triste, mon *je-me-parle*, que je préfère pas m'en parler. Zéphira, je t'oublierai jamais.

Papa m'a dit : « Je vais t'en offrir une autre, tu veux, Chloé ?

— Sûrement pas, j'ai dit, ma Zéphira n'est pas

un chou-fleur qu'on change. J'aurai plus jamais de tortues. »
Mais je voulais bien un chien.
Papa et Maman n'étaient pas d'accord. Ils disaient : « Qui-c'est-qui-va-lui-faire-à-manger-et-l'amuser ? »
Moi j'ai dit tout de suite que je choisissais de l'amuser. Papa a riposté : « Évidemment. » Maman aussi.
Moi j'ai dit : « Pourquoi "évidemment" ? »
Alors ils ont répondu comme deux perroquets qu'amuser le chien, c'était le plus facile. Alors j'ai dit : « D'accord, vous amusez le chien et moi je le nourris. » Mais là ils ont dit que, de toute façon, quand on est un être humain "un peu responsable", on ne laisse pas un chien tout seul du matin au soir toute sa vie. Et comme y a personne à la maison sauf le soir et le mercredi, c'était pas possible.
Moi j'ai dit qu'ils n'avaient pas eu autant de scrupules pour Zéphira.
Alors là, mon *je-me-parle*, alors là... Un culot

qu'ils ont eu ! Mais un culot ! Ils ont récité comme ça qu'un chien est plus près de l'homme qu'une tortue. Que Zéphira avait vécu heureuse dans notre jardin. Et qu'elle s'était très bien passée de nous !

Oh !... C'était révoltant de dire des trucs pareils sur Zéphira ! Révoltant et dégoûtant et moche et même y a pas un mot assez affreux pour dire ce que c'était, de parler ainsi de Zéphira.

La sensibilité même elle était, ma tortue ! Toute en finesse... En délicatesse... Et un cœur comme un potiron.

Du coup, j'ai plus voulu de chien.

J'ai dit que je ne serai pas complice des insulteurs de tortues.

Alors Maman m'a fait ses yeux moelleux de mousse au chocolat :
« Et un petit frère ou une petite sœur, Chloé, tu n'aimerais pas ? »
Mais si j'aimerais ! Ça fait des années que je réclame une petite sœur ! Alors maintenant, rien que pour me faire oublier Zéphira, on me raconte n'importe quoi ?
Faut pas me prendre pour une idiote.
J'ai pas répondu et je suis sortie.
Parce que je suis sûre, moi, que Zéphira avait du cœur.

Lundi 4 octobre

C'est la meilleure !

Je viens vite te voir, mon *je-me-parle*, parce qu'il m'arrive quelque chose d'extraordinaire !

Tu sais le coup de la petite sœur ? C'était pas une blague ! C'est pour de vrai ! Sauf qu'on peut pas me garantir que ce sera une sœur. Si c'est un garçon, c'est la barbe. Le bébé grandit dans le ventre de Maman depuis quatre mois. Et il naîtra dans cinq mois !

On n'aurait pas pu me le dire plus tôt ? Mais Papa a dit que non, parce que des fois, il y a des petits bébés qui sont comme les bourgeons : ils se fanent avant d'éclore. Ils quittent l'arbre avant d'avoir pu fleurir. Parce qu'ils sont trop faibles.

« Notre bébé, c'était pareil, a dit Papa, on ne savait pas s'il allait avoir assez de force pour éclore. Et puis si ! Alors maintenant, a continué Papa, on peut te dire la vérité sans risquer de te décevoir. » Et il m'a regardée avec des cœurs dans les yeux.
Mais Maman qui prend deux autobus pour aller à son bureau ne doit plus travailler jusqu'à la naissance. « Parce que le bébé est sauvé mais il est encore fragile, a ajouté Maman, es-tu contente, ma Chloé ? »

C'est bête, hein, mais j'ai pas su que répondre. Ça me faisait dans la tête comme une pluie au soleil.
En tout cas, moi, j'ai pas fait tant d'histoires pour naître. Maman dit toujours qu'elle était en pleine forme le matin même du jour de mon anniversaire.
Le bébé fait des chichis. Ça promet.
Bonne nuit, mon *je-me-parle*.

Jeudi 7 octobre

À l'école, on apprend le plus-que-parfait. Ça me fatigue tous ces temps pas au même temps. Moi je dis qu'une grammaire à trois temps, imparfait-présent-futur, c'est suffisant. Et tout le monde s'y reconnaît. Enfin...

Camille est idiote.
Elle dit que c'est pas si bien que ça d'avoir une sœur. Mais elle sait pas expliquer pourquoi ! Enfin si, elle dit que sa petite sœur l'embête, mais c'est une menteuse : sa sœur n'a que huit mois, elle ne marche même pas, je ne vois pas comment elle pourrait l'embêter ! C'est ce que je lui ai dit. Alors elle est devenue rouge comme une fraise et elle a crié :
« Mêle-toi de ce qui te regarde ! »
J'en suis pas revenue.
Camille est ma meilleure amie. Il doit y avoir un « litige », entre sa sœur et elle. C'est comme au bureau de Papa. Y a que ça, des « litiges », comme il dit.

J'ai fait une tombe à Zéphira. Une jolie toute vernie avec des feuilles de salade et des marrons par-dessus. C'est très original.

Lundi 11 octobre

Camille me fait toujours la tête. Faut dire que ce matin je lui ai demandé si sa petite sœur lui avait encore fait un croc-en-jambe. Les copines qui étaient avec moi ont ri. Camille est furieuse. Mais qu'est-ce qu'elle a ?
Oh, et puis ça m'est égal.

Mardi 12 octobre

Non ça m'est pas égal. Maintenant, Camille préfère Laure à moi ! Tout ça à cause de sa petite sœur !
Finalement c'est une source de disputes, tiens, les petites sœurs. Si la mienne est pareille, ça va être gai...

Mercredi 13 octobre

Camille et Laure ne se quittent plus, à la récré. Laure se pavane comme une dinde. Elle a toujours voulu être la meilleure amie de Camille... Ça me dégoûte !

Jeudi 14 octobre

C'est la fin du monde.
Camille a invité Laure pour mercredi et pas moi. Et tout ça, tout ça, à cause d'une petite sœur ! C'est vraiment injuste. Si seulement tu étais là, ma Zéphira...
Je suis toute seule... Toute seule !

Vendredi 15 octobre

Camille m'a sciée !
Je lui ai dit que je m'étais trompée pour sa petite sœur. Qu'elle était sûrement embêtante.
« Qu'est-ce que t'en sais ? a dit Camille, Candice n'est pas ta sœur ! »
Alors ça, c'était le comble !
Je lui ai répondu qu'elle oubliait drôlement vite ce qu'elle disait ! « Si t'entends mal, fais-toi déboucher les oreilles mais ne dis pas de mal de ma petite sœur. »
Voilà ce qu'elle a osé me répliquer en face, mon *je-me-parle* ! Je hais l'injustice.
Je me vengerai.

Mercredi 20 octobre

Je n'ai plus envie d'aller à l'école.
Si seulement Laure pouvait mourir juste un peu… Ou même mourir carrément… Je suis trop malheureuse !

Vendredi 22 octobre

J'ai la grippe et la fièvre.

Je vais mourir. Eh oui, mon *je-me-parle*, c'est pas Laure qui disparaît. C'est moi. Si on te trouve je veux qu'on te donne à Camille pour qu'elle meure de remords.

Adieu.

Camille, occupe-toi s'il te plaît de la tombe de Zéphira.

Il faut changer la laitue chaque semaine.

Dimanche 24 octobre

Je suis presque guérie.

C'est idiot.

Lundi 25 octobre

Je m'enquiquinais.
Je m'enquiquine.
Je m'enquiquinerai.
Ma vie est noire comme de l'encre de Chine.

Mardi 26 octobre

Mot de Camille, ce matin, dans ma boîte aux lettres !
« Ma chère Chloé, guéris vite et reviens. L'école est fade. Je t'attends. Camille. »

Du coup, j'ai avalé la moitié d'une ficelle avec du chocolat noir !

Lundi 1er novembre

Nous sommes allés au cimetière.
J'aime assez.
C'est comme un jardin de fantômes : mystérieux, plein de gens qu'on ne voit pas. Y a des fleurs, ça pourrait faire marché, aussi. Mais non. C'est trop en ordre.
Comme un orchestre en cire, sans musique, avec juste le son du vent. Ça a de l'allure...
Comme je dis, j'aime assez. Mais quand je suis sortie, j'ai eu l'impression d'être plus à l'aise dans mon jean.
Des fois je suis bizarre.

Mercredi 3 novembre

Moi et Camille, on ne se quitte plus.

Quand j'entre à l'école, ses yeux volent jusqu'à moi comme des oiseaux.
J'aime bien quand ils font ça, les yeux de Camille.

Maman et le bourgeon pas solide sont tout le temps à la maison. Moi je préfère être née. Qu'est-ce que je m'embêterais sous la peau de Maman. Enfin j'ai rien contre la peau de Maman, elle sent bon comme tout, mais j'aime mieux la mienne. Au moins, moi, je peux aller avec elle où je veux. J'ai une peau indépendante, je me fais pas porter.

Quel vent ! Il balaie toute la salade de la tombe de Zéphira.
Je vais voir Mme Hubert, la voisine qui me gardait jusqu'à 6 heures, quand Maman travaillait. Elle est gentille, Mme Hubert, elle me fait des crêpes, quand je lui dis que j'ai pas mangé à la cantine parce que c'était mauvais. Avec Maman, ça prend pas le coup de la cantine pas bonne.

Dimanche 14 novembre

Ah non ! Non ! non !

Il faudrait que je partage ma chambre avec le bébé ! Mais c'est ma chambre ! Ils n'ont qu'à le mettre dans leur chambre, Papa et Maman !

Je-me-parle, tu sais ce qu'ils m'ont répondu ? Qu'il est nécessaire aux parents d'avoir une pièce rien que pour eux, comme il est nécessaire aux enfants d'avoir une pièce rien que pour eux. Autrement dit, a expliqué Maman, il y a la maison pour nous tous. Et à l'intérieur de la maison, il y a comme deux petites maisons, l'une réservée aux parents, l'autre aux enfants. Ainsi chacun peut vivre comme il le veut dans sa petite maison. « D'accord ? » a dit Papa en me faisant observer que j'avais la plus grande chambre de la maison.

J'ai pas su quoi dire, mais quand même, là, y a un truc qui cadre pas. Parce que Papa-Maman, c'est comme une glace double vanille-fraise dans le même cornet. Tandis que moi, je suis comme un coquillage, toute seule dans ma coquille. Est-ce qu'on demande à une huître d'héberger une autre huître ? Non.

Donc je donnerai pas la moitié de ma chambre.

Mercredi 17 novembre

Bonsoir, mon *je-me-parle.*

J'ai une mauvaise nouvelle à t'apprendre : tante Martine et oncle Pierre divorcent.

« Martine est jeune et intelligente, elle refera sa vie », a dit Papa.

Qu'est-ce que ça veut dire « refaire sa vie » ?

J'ai pas osé le demander parce que Maman, elle avait pas l'air heureuse et elle répétait sans cesse : « Et Aurélien... » C'est mon cousin, Aurélien. Le fils d'oncle Pierre et de tante Martine, quoi.

N'empêche qu'il faut que je sache pour « refaire sa vie ».

Parce qu'une fois qu'on est né, bon, on vit. On peut pas naître plusieurs fois !

Vendredi 19 novembre

Je sais, mon *je-me-parle* !
C'est une grande qui me l'a dit.
Refaire sa vie, ça veut dire se remarier !
Je suis déçue.
Je m'attendais à un truc extraordinaire.
Finalement c'est qu'une histoire de garçons.

Dimanche 21 novembre

Tante Martine est venue à la maison avec Aurélien.
Elle avait l'air malade et elle parlait à voix basse.
J'ai emmené Aurélien dans ma chambre. Je lui ai demandé quand est-ce que tante Martine allait refaire sa vie parce que pour aller à son mariage, moi, je veux une robe longue. Mon rêve.
Alors j'ai pas eu le temps de dire « ouf » : Aurélien a filé comme une fusée à travers la maison et le jardin, et Maman, je sais pas pourquoi, l'a rattrapé de justesse à la grille.
Tante Martine n'a pas bougé de son fauteuil.

Elle m'a rappelé la vieille poupée cassée de Bonne-Maman.
Elle m'a dit d'une voix en caramel mou : « Qu'est-ce qui se passe avec Aurélien ? Soyez gentils tous les deux... »
Ça m'a fait un choc.
Tante Martine est toujours gaie, avec des idées pour sortir, pour jouer ; je l'aime bien, tante Martine.
Mais là, elle faisait escargot sans coquille, sans voix, sans regard, c'était terrible.

Maman et mon cousin sont rentrés.
Aurélien a crié qu'il voulait s'en aller, et il a fini par recevoir une claque de tante Martine.
Alors là, je me suis dit que ma tante n'allait pas bien du tout parce qu'elle ne donne jamais de claques.
Aurélien s'est mis à pleurer.
Moi aussi.
Alors Maman m'a confiée à Mme Hubert et elle est partie avec ma tante et mon cousin.
Je croyais que Maman ne devait pas bouger ?
En tout cas, c'était une journée-torchon, tiens.

Lundi 22 novembre

Mon *je-me-parle*, je suis bien embêtée : Maman vient de m'apprendre que tante Martine ne se remarie pas ! Oncle Pierre préfère vivre avec une autre dame, c'est tout.

Oncle Pierre est méchant et j'ai dit que j'allais le lui téléphoner tout de suite mais Maman n'a pas voulu : « Que veux-tu, Chloé, le divorce n'a pas été inventé pour les chiens. On ne peut pas condamner un être humain à vivre avec qui il ne veut plus vivre. Tu comprends ? »

Je me suis mise à pleurer parce que je ne veux pas que Papa nous quitte avec le bourgeon pas solide.

Pas de panique, mon *je-me-parle*.

Tout va bien.

Maman dit qu'elle et Papa s'entendent de mieux en mieux.
Tellement bien qu'ils ont voulu un second enfant.
Papa dit pareil.
Je vais offrir une tortue à Aurélien.

Jeudi 9 décembre

Maintenant mon cousin vient à la maison tous les mercredis.
On parle de tout sauf de ses parents.
Quand il voudra m'en parler, j'en parlerai avec lui. Faut pas voler les secrets des autres, surtout les secrets tristes.
Est-ce qu'Aurélien a essayé de me voler les miens ?
Je veux dire mon deuil pour Zéphira ?
C'est Papa qui m'a expliqué. Alors avec mon cousin, on joue un peu à rien. Mais pas à vide. À rien, plein.

Lundi 13 décembre

Y a une nouvelle dans ma classe ! En fin de trimestre, c'est rare.
Qu'est-ce qu'elle est belle !
Elle a un de ces bronzages, super !
Et des cheveux bruns et des yeux noirs immenses !
Elle s'appelle Aude.
Qu'est-ce que je voudrais être son amie !

Vendredi 17 décembre

Aude est bronzée naturellement !
Elle est colombienne.
Maman dit que c'est le pays du café.
C'est ça, sûrement, qui a dû influencer sa peau.
Aude est une fée en café.

Dimanche 19 décembre

Hier soir tante Martine a dîné avec nous, sans Aurélien.
Mon cousin était avec son père, oncle Pierre.
Tante Martine portait une robe indienne extraordinaire avec des broderies rouges et bleues.
Malgré sa peau blanche, elle était presque aussi belle qu'Aude.
Au dessert, elle a ri.

Lundi 20 décembre

À l'école, tout le monde veut être l'amie d'Aude.
Même les garçons, sauf Axel. Lui, il n'aime pas « les gens de couleur », comme il dit.
Forcément, avec sa gueule de fantôme...
Axel, c'est le meilleur élève de la classe et le chouchou de la maîtresse.

Mardi 21 décembre

On est en vacances.
À la maison, Maman accroche des branches de houx partout.
J'en ai posé une sur la tombe de Zéphira.

Dimanche 2 janvier

Excuse-moi, mon *je-me-parle*, je t'ai pas abandonné mais j'étais à la montagne avec Bon-Papa, Bonne-Maman, Aurélien et tante Martine qui va bien. Mais des fois elle regarde au loin avec des airs de lune. J'ai fait plein de ski. Aurélien tombait sans cesse et il a raté son étoile. Pas moi. J'ai bronzé. Maintenant je suis comme Aude, à part les cheveux.

Lundi 3 janvier

Aude a été adoptée ! Ça alors ! Camille lui a demandé si elle voulait pas rentrer en Colombie pour chercher ses vrais parents. Aude a haussé les épaules et elle a toisé Camille comme si elle

était perchée sur le mont Blanc. Puis elle lui a dit : « Moi, mes parents m'ont choisie. Et toi ? » Camille est restée sans voix. Et Aude était toujours perchée sur le mont Blanc.
« Ils ont choisi Camille quand elle était encore en bourgeon », j'ai riposté à Aude.
Y a eu comme un silence d'orage avant la foudre, dans la cour de récré. Aude a marché droit sur moi, j'ai cru qu'elle allait me gifler.
« D'accord, elle a dit, eh bien moi, mes parents m'ont choisie quand je venais d'éclore.
— D'accord », j'ai dit.
Et pour la première fois, Aude s'est mêlée à nous. On a fait un concours de saut à la corde.

Mardi 4 janvier

Il a neigé !
La tombe de Zéphira ne se distingue plus du reste du jardin. Je vais y faire dessus un bonhomme de neige. C'est pas parce qu'on est mort, hein, qu'il faut disparaître.

Vendredi 7 janvier

Aude est en train de devenir la chouchoute de la maîtresse ! Axel est vert. C'est bien fait. Il se croyait le roi parce qu'il était toujours premier. Mais Aude prend la tête de la classe.

« C'est la dernière fois que ça se produit, a sifflé Axel entre ses dents, je laisserai pas ma place à une peau de charbon !

— Mieux vaut une peau de charbon qu'une peau d'âne », a riposté Aude.

On a tous éclaté de rire. Mais Aude avait les larmes aux yeux. Axel est une peste. Faut dire que ses parents, ils n'arrêtent pas de lui répéter que dans leur famille, on est premier depuis toujours, et tatata et tatata. Qu'est-ce qu'il a pris, Axel ! Aude lui a joué un sale tour, c'est sûr... Moi, je suis la plus forte en rien. Sauf pour aimer les tortues.

Mardi 11 janvier

Tante Martine et oncle Pierre divorcent pour de vrai. Mais Aurélien est en pleine forme. Je me demande pourquoi ?...

Lundi 17 janvier

Je viens d'avoir la meilleure note en histoire ! Aude m'a félicitée. J'ai eu l'impression d'être deux fois première ! Axel fait la tête. Camille aussi. Ils sont jaloux.

Mardi 18 janvier

Aurélien baigne dans les nuages. Qu'est-ce qu'il a ?

Jeudi 20 janvier

C'est la guerre.

Aude et Axel se sont battus et même giflés. Ça a fait des clans. Pour l'instant je suis dans

aucun mais je suis en colère après Camille : elle a choisi le clan d'Axel, tellement elle est jalouse d'Aude !
Je crois que je vais m'en mêler.

Vendredi 21 janvier

Je m'en suis mêlée ! J'ai invité Aude à la maison, rien qu'elle, devant Camille ahurie. Aude m'a remerciée. Puis elle m'a offert un caillou rose qu'elle a tiré de sa poche comme une magicienne.
Camille devient comme Axel : elle vire au vert.

Samedi 22 janvier

Avant la venue d'Aude, j'ai fait belle la tombe de Zéphira. Je l'ai désherbée et j'ai posé une salade neuve.

Dimanche 23 janvier

Super ! On a joué aux mimes avec Aude, hier. Elle, elle a choisi de mimer une rose sous le vent et un chat au soleil.
Puis avec rien, un bout de serviette et ses doigts, elle a fait des ombres chinoises.
Aude est une artiste. Je me sens rien, à côté d'elle. Moi j'ai mimé la mer en hiver.

Samedi 29 janvier

À la maison, on parle prénom du bourgeon. Maman aime « Adrien », Papa aime « Thomas » et moi « Florentin », qui est le secret de mon cousin ! Enfin je sais pourquoi Aurélien plane depuis des semaines ! Hier chez tante Martine, Florentin est arrivé « à l'improviste », comme on dit, et là j'ai tout compris : à la vue de son copain, la figure d'Aurélien a brillé comme dix mille phares.
Si le bourgeon est une bourgeonne, j'ai proposé « Aude ».

Mardi 1er février

Oncle Pierre et tante Martine vivent finalement dans le même immeuble mais oncle Pierre est au premier. Ma tante est au cinquième. Du coup Aurélien se retrouve avec deux chambres pour lui tout seul, alors que moi, faut que je partage la mienne avec le bourgeon ! C'est juste, ça ? En plus, Aurélien me laisse tomber. Y en a plus que pour son Florentin. À la maison, y en a plus que pour le bourgeon. C'est gai, ma vie, en ce moment…

Samedi 5 février

Au revoir, mon *je-me-parle*, je vais à la neige, au chalet de Bon-Papa et de Bonne-Maman. Ils en louent un, chaque année. Aurélien vient aussi.

Mercredi 9 février

J'ai discuté, hier, avec mon cousin. Je lui ai dit que l'idée qu'on allait me mettre un marmot dans ma chambre me rendait malade.
Aurélien propose que je fasse la grève de la faim. C'est une bonne idée, je crois.
En attendant, faut que je fasse des réserves avant ma grève : je mange plein de crêpes.
Aurélien a eu son étoile. Enfin.

Dimanche 13 février

Et on reparle prénom du bourgeon, et allons-y !
Même Bon-Papa et Bonne-Maman et tante Martine s'y mettent !
J'en ai archimarre. On pourrait parler d'autre chose, non ?

Lundi 14 février

C'est la meilleure !

Axel fait les yeux doux à Aude ! Parfaitement ! Il lui fait les yeux doux, doux, doux !

« Tiens, je lui ai dit, je croyais qu'Aude avait une peau de charbon ?

— Mêle-toi de ce qui te regarde, il m'a répondu.

— Justement, je lui ai dit. Aude est ma meilleure amie !

— Et alors ? » il m'a répondu.

Et avec une insolence, fallait voir !

« Alors, laisse-la tranquille ! je lui ai dit.

— Aude est assez grande pour me le dire elle-même », il a riposté avec un de ces airs de Roi-Soleil qui m'a tapé sur les nerfs. Du coup

j'ai demandé à Aude, comme ça, devant tout le monde, si ça lui plaisait, les yeux doux que lui faisait Axel ! Aude a rougi. C'était bien la première fois. Axel, lui, a regardé dans le vague. Aude a mis ses cheveux derrière les oreilles. Puis elle a dit : « Axel a le droit de me faire les yeux qu'il veut. Ce sont ses yeux, Chloé. Pas les tiens. »
Oh !... Oh !... Je supporte pas ce genre de réplique !
Et traître avec ça, hein !... Aude : finie, rayée. Qu'on ne m'en parle plus ! Oh ! que je la hais !

Mercredi 16 février

Lugubre, à l'école.
Aude m'évite. Moi aussi.
Camille m'ennuie.
J'ai quand même parlé avec une fille que j'avais à peine remarquée : Sophie, une petite rousse à lunettes.
On l'entend pas mais quand on lui parle, elle écoute drôlement bien.

Jeudi 17 février

On a mis une commode et un berceau dans MA chambre ! Ça, j'accepte pas. « Sois gentille, Chloé, a dit Maman, et ne t'inquiète pas pour ton indépendance. On isolera ton coin de celui du bébé avec un paravent. Tu iras le choisir demain avec Papa. D'accord ? »
Mouais... C'est vite dit, hein, « d'accord ».
J'ai dit que Camille et sa sœur avaient chacune LEUR chambre, qu'Aurélien, lui, en avait deux pour lui tout seul, alors que je refusais, moi, CA-TÉ-GO-RI-QUE-MENT d'avoir « un coin » comme un lapin.
Maman s'est fâchée.
Elle m'a dit que nous, on n'avait pas assez d'argent, pour l'instant, pour acheter une

maison avec trois chambres, que cela viendrait mais qu'en attendant, il fallait s'arranger.

« Ne-sois-pas-égoïste-Chloé-tu-me-fatigues ! »

Tu te rends compte, mon *je-me-parle* ! Le bourgeon gonfle le ventre de Maman comme un chantier de taupes. Il pèse. Il gigote. Et c'est moi qui la fatigue ?

Je vais choisir un paravent géant.

Vendredi 18 février

Je l'ai. Il a des cerises sur fond épinard.
Très joli, mon paravent. Sans le bourgeon, évidemment.
Mon *je-me-parle*, je t'ai offert une mallette en osier que j'ai vue dans la boutique où j'ai choisi le paravent, avec Papa. Elle ferme à clé ! Cette nuit, tu vas dormir dans ton nid, mon *je-me-parle*, comme le bourgeon de Maman.
Et y aura que moi qui pourrai t'ouvrir.

Mardi 22 février

Maman est de plus en plus fatiguée. Tante Martine passe souvent faire des trucs à la maison et Bon-Papa aussi. Elle est énorme, Maman. C'est plus des taupes, c'est des tortues géantes qu'elle a dans le ventre.

À l'école, bof... C'est Sophie qui me plaît le plus, en ce moment.

Jeudi 24 février

J'ai un petit frère !

Non mais je rigole pas : J'AI UN PETIT FRÈRE !

Dans la nuit Papa est parti comme un dingue à la clinique ! Il a d'abord téléphoné à tante Martine, qui était pas chez elle, à Bon-Papa et à Bonne-Maman, qui étaient pas là non plus. Finalement, il m'a jetée avec Maman à l'arrière de la voiture comme un paquet d'asperges. Maman, elle avait pas l'air bien du tout. Elle disait : « Ne t'inquiète pas, ma Chloé, c'est le bébé qui arrive. J'ai un peu mal mais ce n'est pas grave du tout. »

Elle hachait ses mots comme du persil.

Nous sommes arrivés à la clinique. Papa a aidé Maman à descendre, il l'a confiée à une infirmière dans le couloir et il a dit à Maman : « Je reviens tout de suite. » Maman a soufflé : « Oui... Oui... » L'infirmière a dit : « Les enfants de moins de treize ans sont interdits dans l'établissement.

— Oh, je vous en prie ! », a dit Papa pas poli du tout.

Il a trouvé un téléphone et une demi-heure plus tard, ma tante était là.

« Va dormir chez tante Martine, Chloé, a dit Papa, Maman et moi il faut qu'on aide le bébé à naître, tu comprends ? » J'ai dit « Oui ». Et Papa a filé de son côté et moi du mien.

Quand je me suis réveillée, le matin, tante Martine était toute gaie : « Devine ce que tu as, ce matin ?

— Un petit pain au chocolat ! » j'ai dit.

C'est vrai, ils sont drôlement bons, les pains au chocolat du boulanger de tante Martine.

« Mais non ! Réfléchis, voyons !

— Une guitare ?

— Mais non ! Enfin je t'ai bien promis une

guitare, mais pour ton anniversaire, et c'est le mois prochain. Ma chérie... Tu as un petit frère ! »

Qu'est-ce que j'ai été déçue... J'ai vraiment cru, un moment, que j'allais trouver une guitare à mon petit déjeuner... Enfin, je me suis habituée, quoi... Il s'appelle Thomas. Je n'ai pas le droit d'aller le voir.

Les cliniques c'est comme au cinéma : interdit aux moins de treize ans, comme je l'ai déjà dit.

Samedi 26 février

Je suis déjà de retour chez moi.
Après l'école, je vais chez Mme Hubert. Et le soir, je suis seule avec Papa et ça, j'aime. J'ai l'impression d'être en vacances. Hier soir on a dîné tous les deux dans un « restau » chinois. J'avais mis mon plus beau pull, un blanc semé de boules de laine. On nous a allumé une bougie et Papa a commandé du bœuf aux champignons noirs : des espèces d'algues gluantes. J'ai mangé avec des baguettes, c'était rigolo comme tout. Mais faut être patient, surtout quand les champignons se débinent.

Vendredi 3 mars

Je l'ai vu.

Il est minuscule, ridé.

Je peux rien en faire.

Et je sais pas ce que j'en pense.

En tout cas, ça y est ! Il occupe MA chambre !

Comme c'est le défilé des uns et des autres, je suis plus chez moi. On entre dans ma chambre comme dans un moulin et là, on prend des voix haut perchées complètement débiles pour parler à mon frère.

Demain je suis invitée chez Aude.

Je vais enfin exister.

Bonne nuit, mon *je-me-parle*.

Samedi 4 mars

Journée agréable, chez Aude.
Elle a un frère jumeau ! Elle nous l'avait jamais dit !
Ils se ressemblent à les confondre ! Je l'ai échappé belle, moi, de pas être née en même temps que mon frère !
Jérémy, le jumeau d'Aude, a l'air d'un chef indien. Il est très très très beau. Je lui plais aussi, malgré mes cheveux blonds ! Je suis heureuse : il m'a invitée personnellement pour ses dix ans, la semaine prochaine !
Finalement, si... J'aurais peut-être préféré que mon frère naisse avec moi il y a neuf ans, comme ça on n'en parlerait plus aujourd'hui...
Aude a toutes les chances.

Lundi 6 mars

Tout le monde s'extasie parce que mon frère est sage.
Parce qu'il ne pleure pas la nuit. Parce que je ne sais pas quoi. Bref, Thomas c'est la super-perle de la famille.
Il est petit.
Il est sale.
Il sait rien faire tout seul.
Mais ça fait rien : c'est le duc, le prince, le roi, l'empereur.
Je compte pour du beurre.
Moins que du beurre.
J'ai décidé de m'enfuir.
Je peux plus supporter.

Mercredi 8 mars

Grande discussion avec Aurélien.
Il m'a proposé sa chambre au premier, chez son père, puisque lui, pendant la semaine, il dort en général chez sa mère. Oncle Pierre sort

tous les soirs ou presque. Et comme il travaille la journée, j'aurai pas de problème. La planque idéale. Quand il rentrera, je me cacherai sous le lit, si par hasard il venait dans la chambre d'Aurélien.

C'est d'accord.

Demain après l'école, je ne reviendrai pas à la maison.

Je m'enfuirai.

Ça leur apprendra.

Jeudi 9 mars, chez oncle Pierre

JE ME SUIS ENFUIE !

Je sais pas comment dire mais… je me sens comme un bateau troué en pleine mer, tiens… En plus, j'ai rien emporté avec moi, sauf toi, mon *je-me-parle*, et rien que de t'écrire, ça me donne envie de pleurer.

Je m'arrête parce que je vais tout te mouiller.

Dimanche 12 mars, à la maison

Quelle histoire !

Lala ! Non mais quelle histoire !

Aurélien m'avait donc fait entrer chez son père, en cachette. Il m'avait apporté des biscuits, une pomme et du chocolat, pour dîner. Oncle Pierre n'était pas là.

J'ai regardé la télé et puis je suis allée me coucher.

Je dormais que d'un œil, bien sûr, pour pouvoir me glisser sous le lit à la première alerte.

Hélas, je me suis endormie des deux yeux...

Dans la nuit j'ai reçu de la lumière en pleine figure !

Une tête bougeait devant moi comme Guignol.

C'était oncle Pierre ! Il venait d'allumer, et il

me contemplait, ahuri ! J'ai retrouvé en vitesse mes esprits. J'ai expliqué qu'Aurélien et tante Martine m'avaient invitée.

« Bien, bien, mon chaton, a dit oncle Pierre, mais il me semble qu'on aurait pu m'avertir ! »

Oncle Pierre m'a embrassée. Puis il a éteint la lumière et il a refermé ma porte.

Moi je me suis dit comme ça que demain faudrait que je file à l'aube, incognito, pour me trouver une autre cachette.

Et je me suis rendormie.

Le lendemain je me réveille : 9 heures !

Je fonce dans le couloir et qu'est-ce que je vois ? Papa et Maman tout pâles, dans la cuisine d'oncle Pierre, en train de boire des bols de café noir !

Maman m'a embrassée à m'étouffer, Papa aussi et une pluie de jolis mots est tombée sur moi. Alors j'ai dit :

« Où est Thomas ? »

Papa a dit que mon petit frère n'arrêtait pas de pleurer depuis que j'étais partie. Que Mme Hubert le gardait chez nous mais qu'il fallait vite rentrer parce que Thomas était malheureux sans moi, et lui aussi, et Maman aussi. Et qu'ils ne pouvaient pas vivre sans moi. Et que c'est pas Thomas ni personne qui pourrait me remplacer, « parce que toi, Chloé, tu es irremplaçable ». J'en revenais pas.

Et là, Maman a expliqué un truc. Elle a dit comme ça : « Nous, Chloé, on est une maison à quatre cœurs. Et sais-tu ce qu'ils font, ces quatre cœurs ? Ils font les murs de la maison. Et sais-tu ce qui se passerait, si l'un de ces murs s'en allait ? La maison s'effondrerait. Toi, ma Chloé, tu es un de ces quatre murs. Tu es indispensable. Tu comprends ? »

J'ai rien dit mais je t'ai remis dans mon lit, mon *je-me-parle*. Et je t'ai ramené à la maison.

Quand nous sommes arrivés, c'était vrai : Thomas hurlait.

J'ai fait un effort, je lui ai parlé gentiment, je lui ai dit que j'étais de retour et c'est bizarre, mais il a cessé de pleurer. Ça m'a fait quelque chose, quand même...

Mon *je-me-parle*, demain, je te change de cahier.

T'as l'air à l'étroit, je trouve, dans celui-là.

Tu respireras mieux dans un plus grand.

Sandrine Pernusch a d'abord été conceptrice-rédactrice dans la publicité avant de se consacrer totalement à la littérature jeunesse, pour laquelle elle a écrit plus de vingt livres.

DU MÊME AUTEUR

Aux éditions Casterman

Romans Cadet

MON JE-ME-PARLE

sélection du ministère de l'Éducation nationale

FAUSTINE ET LE SOUVENIR

illustrés par Ginette Hoffmann

Romans Junior

UNE ANNÉE TOURBILLON

illustré par Frédéric Rébéna

COLLECTION COMME LA VIE

CADET / DÈS 8 ANS

Hubert Ben Kemoun
QUI AIME PERSONNE ?
NULLE !
Prix roman jeunes de la ville de Laval 2003

Gilberte Niamh Bourget
AUGUSTE
Prix du petit Théophraste des Benjamins, Loudun 2005

François Braud
L'ÉCOLE, ÇA SERT À RIEN !
Prix «La vache ki'lit» du festival Au bonheur des mômes,
Le Grand-Bornand 2005

Claire Clément
GUESARO L'INDOMPTABLE
Prix de la ville de Martigues 2001
Prix de la ville de La Garde 2001
OUALID, PRÉSIDENT !
Prix littéraire des écoliers de Rillieux-la-Pape 2002

Stéphane Daniel
LA COLO DES TIMIDES
LE PETIT ALPHONSE ATTEND SA MAMAN

Eleanor Estes
LE JEU DES CENT ROBES

Gilles Fresse
L'OREILLE DU LOUP
Prix jeunesse de Rillieux-la-Pape 1997

Bruno Gibert
OSCAR, AU SECOURS !
PETIT PAPA PRISON

Rachel Hausfater
L'ÉCOLE DES GÂTEAUX
Prix du Mouvement des villages d'enfants 2002
Prix Lire-Élire de Fontenay-sous-Bois 2003
Prix Lire-Élire de Saint-Jean-de-Braye 2003

Dr Ty Hochban
L'ÉCHO DE MON CRI

Jo Hoestlandt
MON MEILLEUR AMI
Prix des Incorruptibles 1999
RÉPONDS-MOI QUAND JE T'ÉCRIS !
Prix Diablotins 2002, Nogent-sur-Oise

Sylvaine Jaoui
SPINOZA ET MOI
Prix Chronos Littérature Suisse 2006
Prix Chronos Littérature France 2006
Prix d'Orléans 2006
Prix des Collégiens de Nanterre 2006
Prix Graniotte de Narbonne 2006
Prix Lire Élire de Saint-Jean-de-Braye 2006
Prix 7 à lire, Grand-Quevilly 2006
Prix Escapages des Enfants de l'Indre 2007

Juliette Le Bellec
SUR LES TRACES DE VINCENT

Geoffrey Malone
OREILLE-DÉCHIRÉE
Tam-Tam «J'aime lire» 2000
Prix Enfants Grands-Parents 2001
KIMBA

Jean-Jacques Marimbert
LES AILES DE CAMILLE

Yvon Mauffret
LE CHEVAL DANS LA MAISON
PRUNELLE

Sandrine Pernusch
MON JE-ME-PARLE
FAUSTINE ET LE SOUVENIR

René Pillot
LE GUIGNOL DU FOND DE LA COUR

Niklas Rådström
ROBERT
Prix des Incorruptibles 1997

Marie-Sabine Roger
PITIÉ POUR LES VOLEURS

Geneviève Senger
LE MANOIR INVISIBLE

Zoé Valdés
AU CLAIR DE LUNA

Olivier de Vleeschouwer
UNE PREUVE D'AMOUR